Carluccio's COLLECTION

BROT, PIZZA KUCHEN, GEBÄCK

ANTONIO & PRISCILLA CARLUCCIO

Zur Erinnerung an den
Fotografen André Martin

WILHELM HEYNE VERLAG
MÜNCHEN

Inhalt

Alle Rezepte sind, sofern nicht anders angegeben, für 4 Personen berechnet

Vorwort

Es ist sicher kein Zufall, daß verschiedene Rituale der katholischen Liturgie um das Brot kreisen, das den Gläubigen als Verkörperung des Reinen – des Lebens selbst – gereicht wird. Denn in der Tat ist Brot seit etwa vier- bis fünftausend Jahren Symbol und Grundnahrungsmittel der westlichen Gesellschaft, ebenso wie Reis für die östlichen Kulturen.

Eine der frühesten Kulturen, in der man Brot aus Getreide herstellte, war die der alten Ägypter um zwei- bis dreitausend v. Chr. Das verfügbare Mehl, das aus Hirse, Dinkel und Hartweizen gemahlen wurde, ergab einen flachen, kompakten Fladen, weil man vermutlich noch keine Treibmittel kannte. Damals vergaß wahrscheinlich einer der Bäcker einmal einen Klumpen Teig in der Ecke und stellte mit großem Erstaunen fest, daß dieser sein Volumen verdoppelt hatte. Von nun an machte man Brot, wie wir es heute kennen, locker und leicht, an dem man sich nicht mehr die Zähne ausbiß.

Während eines kurzen Sommerurlaubs im Ferienort Macugnaga am Fuße des Monte Rosa in Norditalien, auf dessen Rückseite im Schweizer Kanton Wallis die Kultur der Walliser ihren Ausgang nahm, entdeckte ich einmal eine regionale Brotspezialität, die offensichtlich nur einmal im Jahr gebacken wurde. Dieses Brot ist sehr dunkel und wird aus einer Mischung von Vollkornmehl und verschiedenen anderen Körnern hergestellt; es ist extrem hart und kann nur in Suppen oder Milch gegessen werden, oder wenn man es in Wasser einweicht. In

PEPERONI
E TONNO
PEPERONI E
ACCIUGHE
CAROTE
E CARCIOFINI

den meisten abgelegenen Seitentälern der Alpen gibt es ähnliche Dauerbrote neben dem täglich frisch gebackenen Hausbrot.

Die Italiener essen mit Vorliebe große Mengen Brot und Backwaren im allgemeinen. Ob im zentralen Backofen, wie er vor fünfzig bis sechzig Jahren in den Dörfern noch üblich war, im holzbefeuerten Ofen vor dem Haus, in dem man auf dem Lande alles mögliche herstellte, oder im supermodernen Hightech-Herd, wie er heute in fast jedem Haushalt steht, in allen wird mindestens einmal wöchentlich gebacken. Obgleich industrielle Technologie inzwischen bei der Herstellung von Brot ebenso dominiert wie bei anderen Massennahrungsmitteln, entscheiden sich immer mehr Italiener für die unendlich überlegene Qualität des Brots, das zunehmend von Bäckern verkauft wird, die die guten alten Backmethoden wiederentdeckt haben.

Das Angebot an Backwaren in Italien ist breit, da jede Region ihr eigenes, nach alten handwerklichen und historischen Traditionen hergestelltes Brot anbietet, das unverwechselbar und einfach köstlich schmeckt. Diese nostalgische Rückkehr zu den »guten alten Zeiten« (auch wenn die Produkte ein bißchen teurer sind!), garantiert, daß das, was man ißt, von bester Qualität ist. Ich erinnere mich, wie ich einmal am frühen Morgen an der halbgeöffneten Tür einer Backstube vorbeikam und, angezogen vom Duft des frisch gebackenen Brots, zusah, wie der Bäcker, sein Lieblingslied pfeifend, die Backwaren zubereitete, die später ihren Weg auf die Eßtische finden würden.

In Turin stellt man lange, knusprige, von Hand gezogene *Grissini* her, während in Ligurien eine herrliche, mit Olivenöl aromatisierte *Focaccia* gleich frisch aus dem Ofen gegessen wird.

Die Toskana ist die einzige Region in Italien, in der man ungesalzenes Brot für die berühmte *Bruschetta* backt – geröstete Brotscheiben, auf die man kaltgepreßtes Olivenöl träufelt. Im Süden, in Apulien und Sizilien, ißt man lieber ein deftigeres Brot aus dem Hartweizenmehl *semolina* zu den stark gewürzten lokalen Gerichten, während Sardinien das wahrscheinlich originellste Brot anbietet: *Pane Carasau* oder *Carta di Musica* (Notenpapier, siehe S. 57), wie man es dort nennt. Es hält sich monatelang und ist nur millimeterdünn. Man kann es in Suppen essen, wie es ist, oder in Wasser eingeweicht, zusammengerollt, gefüllt und überbacken mit Käse und Schinken.

Die Position als Hauptstadt der Backkunst jedoch darf mit Recht Neapel für sich beanspruchen, da seine Kreation niemand ignorieren kann: die Pizza, die von dort aus die Welt eroberte. Aus neapolitanischen Backöfen stammt auch die berühmte *Pastiera di Grano*, ein Kuchen aus Vollkornmehl und Ricotta (siehe S. 48).

Es kann großes Vergnügen bereiten, zu backen (zufällig auch eine der wenigen Garmethoden, bei denen nicht ständige Aufmerksamkeit nötig ist). Ich rate Ihnen, zu lernen, den Herd häufiger zu benutzen. Ob Brot, Kuchen, Kekse, Biskuit oder Tartes, sie alle benötigen eine gute Auswahl an Zutaten und sorgfältige Zubereitung. Aber Sie werden dafür entschädigt, wenn Sie sehen, mit welchem Vergnügen Ihre Gäste das Resultat Ihrer Mühe genießen.

Antonio Carluccio

Die Grundzutaten

Die folgenden Zutaten bilden die Basis für die meisten Backwaren: Mehl, Bindemittel, Fette und Treibmittel.

Butter (Burro)

Butter wird aus dem abgeschöpften Rahm von Milch gewonnen. Nachdem dieser zur Geschmacksentwicklung einen kurzen natürlichen Gärprozeß durchlaufen hat, kommt er in einen rotierenden Behälter und wird so lange geschlagen, bis sich das Milchfett in Klumpen sammelt und überschüssige Flüssigkeit abläuft. Die so entstandene Masse wird zu Quadern geformt und verpackt.

Italienische Butter wird normalerweise nicht gesalzen und ist besonders schmackhaft, vor allem wenn sie aus Alpenmilch hergestellt wurde. Sie wird hauptsächlich zum Backen von Kuchen, Keksen und Torten verwendet, aber auch zum Kochen, besonders im Norden Italiens. Doch auch dort unterliegt sie mittlerweile einem starken Verdrängungswettbewerb mit Olivenöl, das als gesünder gilt. Butter ist das Milchprodukt mit dem höchsten Fettgehalt (mindestens 82%) und besteht aus hochgesättigten Fettsäuren.

Mehl (Farina)

Dieser Oberbegriff leitet sich wahrscheinlich von *farro* (Dinkel) her und gilt für das Produkt, das beim Mahlen jeder Art von Samen, Getreide oder Hülsenfrucht entsteht. Während sich das Wort *farina* für sich genommen nur auf Weizenmehl bezieht, müssen andere gemahlene Getreidesorten genauer bezeichnet werden, als *farina di mais* (Maismehl oder Polenta), *farina d'orzo* (Gerstenmehl) usw. Schon früh entdeckte man, daß Mehl durch den Zusatz von Flüssigkeit und Gewürzen ein unendlich vielseitiges Produkt wurde, mit dem man Pasta, Brot und anderes

Gebäck herstellen sowie Saucen und Suppen binden konnte. Mehl wird nach seiner Feinheit und Eignung für verschiedene Zubereitungsarten klassifiziert: *Farina 00 (doppio zero)* wird für frische Pasta und Kuchen verwendet, *tipo 0* dagegen zum Brotbacken.

Weichweizen (Frumento)

Diese Weizenart gehört ebenso wie der Dinkel zur Gattung *triticum* und ist ein Weichgetreide. Besonders in der weiten Poebene wird Weichweizen intensiv kultiviert und zu Brot verbacken.

Speck (Lardo), Schweinefett

Der frische Speck wird beim Schlachten von den Flanken des Schweins geschnitten. Bevor man ihn zum Kochen verwendet, legt man ihn in Salzlake und läßt ihn danach ein paar Monate abhängen.

Hefe (Lievito), Germ

Hefe hat die Aufgabe, mit Wasser und Mehl (oder anderen Zutaten) durch Gärung Bläschen zu erzeugen, die den Teig aufgehen lassen. Dadurch werden die Backwaren schön locker. Brot, das ohne Hefe gebacken wird, ist flach und hart. Die rosabraune Hefemasse wird mit Wasser verdünnt und mit den weiteren Zutaten für den Teig vermischt. Der Gärprozeß muß noch vor dem Backen an einem warmen Platz stattfinden. Synthetisch hergestellte Hefe braucht nicht vorzugären.

Eier (Uova)

Eier sind in der Küche sehr vielseitig zu verwenden. Man kann sie kochen, backen, braten, pochieren, sie in Kuchen, Pasta und Cremes, Eis oder Mayonnaise verarbeiten, aber auch die verschiedensten Gerichte damit anreichern oder binden.

Mustaccioli (Mostkekse, siehe S. 59), serviert mit einem Glas Marsala, in einem Café in Erice auf Sizilien

Auswahl sizilianischer Brotsorten in einer Bäckereiauslage

Pane

KNUSPRIGES WEISSBROT

FÜR 6 BROTLAIBE
650 g feines Weizenmehl (Type 00), etwas Mehl zum Bestäuben
350 g etwas gröberes Weizenmehl (Type 0)
25 g Salz
15–30 g frische Hefe
15 g Malzextrakt

Mehl, Salz und Hefe auf den Boden einer Rührschüssel sieben. Gut ½ l lauwarmes Wasser (ca. 30° C) hinzufügen und nach und nach zu einem geschmeidigen Teig verarbeiten. Eventuell noch etwas Wasser hinzufügen, bis der Teig die richtige Konsistenz hat. Den Malzextrakt hinzufügen und kurz in den Teig einarbeiten.

Den Teig auf einer bemehlten Arbeitsfläche etwa 10 Minuten kneten, bis er elastisch ist. Dann in eine Schüssel geben, zudecken und an einem warmen Ort etwa 1 Stunde lang gehen lassen, bis er seine Größe in etwa verdoppelt hat.

Den Teig in sechs Teile teilen, daraus Laibe formen und diese noch einmal 30 Minuten gehen lassen.

Den Herd auf 230° C (Gas Stufe 8) vorheizen. Die Brotlaibe etwa 40 bis 45 Minuten backen. Wenn man auf ihre Unterseite klopft, muß es hohl klingen, erst dann sind sie gar.

Signor Garello, ein Bäcker aus der Via Maddalena in Turin

Focaccia

LIGURISCHES FLADENBROT

Für 6–8 Personen
30 g frische Hefe
rund 175 ml lauwarmes Wasser
500 g Weizenmehl (Type 00)
2 EL Olivenöl, etwas zusätzliches Öl zum Beträufeln
1 Prise Salz
25 g grobes Salz

Die Hefe im Wasser auflösen. Das Mehl in eine Schüssel geben. Öl, Hefewasser und 1 Prise Salz hinzufügen und alles vermischen, dabei nach Bedarf etwas Wasser zugießen, um einen sehr weichen, glatten Teig zu erhalten. Rund 10 Minuten kneten, bis der Teig elastisch ist, dann in eine Schüssel geben, zudecken und rund 1 Stunde an einem warmen Ort gehen lassen, bis er sein Volumen verdoppelt hat.

Den Backofen auf 200° C (Gas Stufe 3) vorheizen. Ein großes Backblech leicht ölen. Den Teig auf die Arbeitsplatte schlagen, dann mit den in Olivenöl getauchten Fingerspitzen mit leichtem Druck über das ganze Blech verteilen. Er sollte etwa 2 cm hoch sein. Mit Olivenöl bepinseln und mit den Fingerspitzen hier und da leichte Vertiefungen in den Teig drücken. Grobes Salz darüberstreuen und 25 bis 30 Minuten backen, bis das Brot eine goldbraune Kruste bekommen hat. Sobald Sie es aus dem Backofen genommen haben, erneut mit Olivenöl beträufeln; es wird vom Teig absorbiert und gibt ihm einen wunderbaren Geschmack.

Abkühlen lassen und in Quadrate schneiden. Sie können die Focaccia, wie in Genua, einfach frisch essen oder noch warm mit Mortadella belegt servieren.

Focaccia

Focaccia ißt man man liebsten »pur« oder belegt mit reichlich Mortadella. Die Focaccia war Vorbild für die neapolitanische Pizza (siehe S. 23) sowie für deren pikante und süße Versionen aus Maismehl im Veneto und in der Emilia-Romagna.

Zu den zahlreichen Varianten der Focaccia gehört auch smacafam *aus dem Trentino, das aus Buchweizenmehl besteht. Der Teig, der Zwiebeln enthält, wird mit Wurstbrät belegt und in einer mit Schweineschmalz eingefetteten Form gebacken. Die kalabrische* pitta *ähnelt dem orientalischen Fladenbrot, hat aber eine Ringform. Noch heiß, wird sie aufgeschnitten und mit* ciccioli *(Grieben), Öl und Chili oder geriebenem Pecorino gefüllt. In der Lombardei bereitet man* fitascetta *zu, eine Focaccia, die mit einer Konfitüre aus roten Zwiebeln und Zucker oder Salz bestrichen wird. Die toskanische* stiacciata *dagegen besteht aus einem Teig mit Zucker, Eiern und Gewürzen. Die ligurische Spezialität schließlich,* pissalandrea *oder* pissadella, *wie auch die Genueser* sardenaria, *ist verwandt mit dem französischen Zwiebelkuchen. Siehe auch S. 61.*

Casatiello

WÜRZIGES OSTERBROT

Casatiello, Casatello

Dieses Brot gehört ebenso zum neapolitanischen Osterfest wie Pastiera di grano *(siehe S. 48). Man stellt davon meist die doppelte oder dreifache Menge her, um noch einen Laib zum Verschenken übrig zu haben. Jede Familie hat ihr eigenes Rezept, doch die Verzierung ist überall gleich – als Oster-Symbol werden vor dem Backen Eier in den Teig gedrückt. Nach dem Backen werden sie geschält und mit dem Brot gegessen.*

FÜR 8 PERSONEN

225 g weiches Schmalz (ersatzweise Butter, die jedoch den Geschmack leicht verändert)
100 g harter Pecorino, gerieben
100 g Parmesan, gerieben
100 g Provolone, sehr fein gerieben
100 g Neapolitaner Wurst, sehr klein gewürfelt
1 EL frisch gemahlener schwarzer Pfeffer, nicht zu fein
1 TL Salz
8 Eier

FÜR DEN TEIG:

600 g Weizenmehl (Type 00)
60 g weiches Schmalz
55 g frische Hefe
100 ml lauwarmes Wasser

Das Mehl in eine Schüssel geben und mit dem Schmalz vermengen. Hefe im Wasser auflösen, zum Mehl geben und zu einem Teig verarbeiten. 10 bis 15 Minuten kneten, bis er eine weiche, glatte Konsistenz hat, dann in eine Schüssel geben, zudecken und 2 Stunden gehen lassen, bis er sein Volumen verdoppelt hat.

Den aufgegangenen Teig auf die Arbeitsfläche schlagen und kurz kneten, um mögliche Luftblasen herauszudrücken. Zu einem Rechteck von etwa 3 cm Stärke formen, die Hälfte des Schmalzes, den Käse und die Wurst darauf verteilen und mit der Hälfte des Pfeffers und des Salzes bestreuen. Das untere Drittel des Teigs nach oben falten, dann das obere Drittel darüberklappen und den Teig durchkneten, um die Zutaten zu verteilen und das Schmalz einzuarbeiten. Wieder zu einem Rechteck formen, restliches Schmalz, Käse, Wurst, Pfeffer und Salz darauf verteilen

und das Falten und Kneten wiederholen. Teig in eine eingefettete Ringform von 25 cm Durchmesser geben oder ringförmig auf ein gefettetes Backblech legen, zudecken und weitere 2 Stunden gehen lassen.

Den Backofen auf 190° C (Gas Stufe 2–3) vorheizen. Die Eier waschen und halb in den Teig drücken. 1 Stunde backen, aus dem Backofen nehmen und abkühlen lassen. Das Brot hält sich einige Tage.

Torta Pasqualina

LIGURISCHER OSTERKUCHEN

Für 8 Personen
675 g Mürbteig
4 EL Olivenöl, etwas zusätzliches Öl für die Pfanne
2 Zwiebeln, in dünne Scheiben geschnitten
8 frische, sehr junge Artischockenherzen
6 Eier
100 g Parmesan
800 g Spinat, blanchiert und grob geschnitten
Salz, Pfeffer

In einem schweren Topf das Olivenöl erhitzen. Die Zwiebeln darin braten, bis sie weich sind. Danach die Artischocken mit einem Glas Wasser hinzufügen und bei geschlossenem Deckel zart dünsten.

Den Backofen auf 180° C (Gas Stufe 4) vorheizen. Eine Springform von 25 cm Durchmesser mit Öl auspinseln und mit dem ausgerollten Teig auslegen. Die Eier in einer Schüssel verquirlen, den Parmesan hinzufügen und mit Salz und Pfeffer abschmecken. Spinat, Artischocken und Zwiebeln dazugeben und alles miteinander vermischen. Die Masse auf dem Teigboden verteilen und 40 Minuten im Ofen backen. Nach Belieben heiß oder kalt servieren.

Von dieser pikanten ligurischen Ostertorte gibt es vermutlich ebenso viele Varianten wie Familien in dieser Region.

Torta Pasqualina

Dies ist eine weitere pikante italienische Osterspezialität, diesmal aus Ligurien. Sie besteht aus Mürbteig, Gemüse und Eiern und wird meist am am Ostermontag, pasquetta, *gegessen, wo viele ein Picknick unternehmen.* (Meine Mutter hat die *torta pasqualina* häufig gemacht – nicht nur zu Ostern.)

Panpepato

PFEFFERBROT

Für 1 Laib oder 6–8 Personen
85 g Mandeln, blanchiert, abgezogen und geröstet
85 g Haselnüsse, geröstet und abgezogen
85 g Walnußhälften
55 g Pinienkerne
55 g Muskatrosinen, 30 Minuten in mehreren EL Vin Santo eingeweicht, dann abgegossen
60 g Kakao
100 g Zitronat und Orangeat, klein gewürfelt
½ TL Zimtpulver
½ TL gemahlener Koriander
½ TL frisch geriebene Muskatnuß
1 TL frisch gemahlener schwarzer Pfeffer
125 g Akazienhonig
Mehl zum Binden

Den Backofen auf 160° C (Gas Stufe 1) vorheizen. Alle Zutaten in einer Schüssel vermischen. So viel Mehl dazugeben, daß die Masse eine feste Konsistenz gewinnt. Mit feuchten Händen einen runden Laib formen und auf ein mit Butter eingefettetes Backblech geben. 30 Minuten backen und abkühlen lassen.

In den einzelnen Regionen Italiens findet sich dieses Rezept in unterschiedlichen Abwandlungen. Unsere Variante stammt aus einer Konditorei in Gubbio.

Panpepato

Panpepato, ein süßes Brot, wird in verschiedenen Regionen Italiens hergestellt und ist das Vorbild des toskanischen Panforte *(siehe S. 40)**. Es erhielt seinen Namen durch die große Menge gemahlenen schwarzen Pfeffers, der den weniger ungewöhnlichen Zutaten wie Mandeln, Hasel- und Walnüssen, Pinienkernen, Orangeat, Zitronat, Weizenmehl und Honig zugesetzt wird. Das Brot wird bei mittlerer Hitze etwa 30 Minuten im Backofen gebacken. Nachdem es abgekühlt ist, überzieht man es manchmal mit einer Schicht dunkler Schokolade.*

Pizzette Margherita

KLEINE PIZZE MIT MOZZARELLA UND TOMATEN

FÜR 4 STÜCK

500 g pürierte Tomaten
400 g Mozzarella, in dünne Scheiben geschnitten
125 ml Olivenöl extra vergine
20 Basilikumblätter
Salz und Pfeffer

FÜR DEN TEIG:
25 g frische Hefe
200 ml lauwarmes Wasser
500 g Mehl 00 (doppio zero)
3 EL Olivenöl extra vergine
1 TL Salz, 1/2 TL Zucker

Die Hefe im Wasser auflösen. Das Mehl auf einer Arbeitsfläche zu einem Berg formen, in die Mitte eine Mulde drücken und Öl, Salz und Zucker hineingeben. Nach und nach das Hefewasser einarbeiten, dann den Teig mit Fingern und Handflächen kneten, bis er eine glatte, weiche Konsistenz hat. In eine Schüssel geben, mit Mehl bestäuben, zudecken und 1 Stunde gehen lassen, bis er sein Volumen verdoppelt hat.

Den aufgegangenen Teig auf die Arbeitsfläche schlagen und in 12 bis 16 Teile teilen. Jedes Teil kurz kneten, zu einer Kugel formen, zudecken und etwa 15 Minuten gehen lassen. Inzwischen den Backofen auf 220° C (Gas Stufe 4) vorheizen.

Jede Kugel mit dem Nudelholz etwas flachdrücken und mit den Fingerspitzen zu einem Kreis von etwa 10 bis 12 cm Durchmesser ausziehen. Am Rand sollte der Teig etwas dicker sein. Auf 2 oder 4 geölte Backbleche legen. Tomatenpüree auf den Böden verteilen und gleichmäßig Mozzarella darübergeben. Mit Salz bestreuen und mit etwas Olivenöl extra vergine beträufeln. 8 bis 10 Minuten backen, die Basilikumblätter darauf verteilen, mit etwas grob gemahlenem Pfeffer bestreuen und sofort servieren.

Pizza

Es ist nicht schwer, eine echte Pizza herzustellen, vorausgesetzt, man hat die richtigen Zutaten, das »Gewußt-wie« und einen guten Backofen. Die Pizza ist eine Focaccia-*Art (siehe S. 15), die von den Neapolitanern entwickelt wurde, indem sie phantasievoll die besten regionalen Produkte verwendeten: gutes Mehl, gutes Wasser, frische Tomaten, aromatisches Basilikum, Mozzarella und feines Olivenöl.*

Torta Rustica di Ricotta

Ricotta eignet sich gleichermaßen als Basis für süße und herzhafte Gerichte, hat einen relativ geringen Fettgehalt und läßt sich mit Eiern zu einer köstlichen, nicht allzu schweren Mahlzeit verarbeiten. Meine Mutter gab immer Salami- und Käsereste in diesen herzhaften Ricotta-Kuchen – eines unserer Lieblingsgerichte!

Torta Rustica di Ricotta

HERZHAFTER RICOTTA-KUCHEN

FÜR 6 PERSONEN
25 g Butter
3 EL Semmelbrösel
500 g ganz frische Ricotta, vorzugsweise aus Schafsmilch
4 Eier, getrennt in Dotter und Eiweiß
45 g Parmesan, gerieben
55 g Mehl
100 g verschiedene Käsesorten, die gut schmelzen, etwa Provolone, Pecorino, Scamorza etc., sehr klein gewürfelt
100 g Parmaschinken, Salami, Speck etc., sehr klein gewürfelt
Salz und Pfeffer

Den Backofen auf 200° C (Gas Stufe 3) vorheizen. Eine feuerfeste Form von 20 cm Durchmesser mit der Butter einreiben und mit Semmelbröseln ausstreuen. Ricotta in eine Schüssel geben. Eigelb, Parmesan, Mehl, etwas Salz und reichlich frisch gemahlenen schwarzen Pfeffer vermischen und die Mischung unter die Ricotta heben, dann Käse- sowie Fleisch-Schinken-Würfel daruntermischen.

Das Eiweiß steif schlagen und vorsichtig unter die Ricottamischung heben, bis eine glatte, leichte Masse entsteht. In die vorbereitete Form geben, oben glatt streichen und 30 bis 40 Minuten backen, bis sich eine Kruste gebildet hat. Auf eine Platte geben und warm servieren. Der Kuchen schmeckt auch kalt sehr gut.

Taralli

PIKANTE RUNDE KEKSE

FÜR ETWA 20 STÜCK
500 g Mehl (Type 0)
125 g Schweineschmalz
55 g frische Hefe
2 EL Fenchelsamen
trockener Chili
Salz und Pfeffer
etwas Olivenöl extra vergine

Mehl, Schmalz, Hefe und Gewürze vermischen. Mit Salz und Pfeffer abschmecken. Genug Wasser hinzufügen, daß ein gut formbarer Teig entsteht, in den alle Zutaten gleichmäßig eingearbeitet sind. Kleine Teigstücke abnehmen und Kreise daraus formen. Diese mit Öl beträufeln und auf einem Backblech etwa 1 Stunde lang gehen lassen.

Im vorgeheizten Backofen etwa 1 Stunde bei 150° C (Gas Stufe 2) backen. Wenn sie knusprig und trocken geworden sind, herausnehmen und auskühlen lassen.

Taralli

Dieses Gebäck hat seine eigentlichen Wurzeln in Kampanien, hat von dort jedoch auch Apulien, Kalabrien und Sizilien erobert. Es wird wegen seines Geschmacks und seiner knusprigen Konsistenz geschätzt, aber auch weil es so leicht herzustellen ist und sich in einem luftdicht verschlossenen Glas lange hält.

Dieses pikante, knusprige Gebäck, das ursprünglich aus Kampanien stammt, ißt man allein als kleine Zwischenmahlzeit oder zu Antipasti.

Prussiani

»PREUSSEN«

Prussiani

Diese leckeren kleinen Blätterteigkekse werden traditionell zum Frühstück oder zum Morgenkaffee serviert. Blätterteig ist relativ aufwendig herzustellen, so daß er selten selbst zubereitet wird. Er gehört damit zu den letzten Herausforderungen für ambitionierte Köche. Doch das Ergebnis ist im Vergleich zu industriell hergestelltem Teig – bei dem meist minderwertiges Fett statt guter Butter verwendet wird – so unvergleichlich besser, daß sich der Aufwand wirklich lohnt.

Für 24–30 Stück

500 g Weizenmehl
1 Prise Salz
175 g harte Butter im Block
10 Handvoll Zucker

In einer großen Schüssel das Mehl mit Salz und 250 ml Wasser gründlich zu einem Teig verrühren. Den Teig auf einer bemehlten Arbeitsfläche zu einem Quadrat von der doppelten Größe des Butterblocks ausrollen.

Die Butter mittig in eine Hälfte des Teigquadrats legen. Die andere Kante darüberschlagen und mit dem Nudelholz die Ecken andrücken, so daß die Butter hermetisch verpackt ist. Das Ganze weiter zu einem Rechteck ausrollen, dessen Breite etwa 1/3 der Länge beträgt. Ein Drittel einschlagen und das andere darüberlegen. Die Ecken erneut mit dem Nudelholz andrücken. Locker in Sichtfolie wickeln und kühl stellen. Diesen Prozeß etwa vier- bis fünfmal wiederholen, dabei den Teig jeweils um ein Viertel drehen.

Den Backofen auf 200° C (Gas Stufe 6) vorheizen. Den gekühlten Teig mit Zucker zu einem Quadrat ausrollen, dabei immer wieder mit Zucker bestreuen. Die untere Hälfte nach oben zu einem Rechteck zusammenklappen, dann die rechte Hälfte nach links klappen. Zu einem Rechteck ausrollen und weiter mit Zucker bestreuen. Das Teigrechteck über die Mitte falten und den Prozeß noch einmal wiederholen. Noch einmal zu einem Rechteck ausrollen und dieses der Länge nach falten, so daß sich eine Art Wurst ergibt, und diese in 1cm dicke Scheiben schneiden. Mit genügend Abstand auf einem Backblech plazieren. 12 Minuten in den Backofen schieben, danach die Kekse umdrehen und weitere 5 Minuten backen.

Im Uhrzeigersinn, oben in der Mitte beginnend: Sfogliatelli (siehe S. 62), kleine Biskuitkugeln, Prussiani und kleine Sfogliatelli

Cantucci

TOSKANISCHE MANDELKEKSE

Für etwa 24 Stück
300 g feiner Zucker
4 ganze Eier
3 Eidotter
500 g Mehl (Type 00)
200 g leicht geröstete, ungeschälte Mandeln
eine Prise Salz
1 TL Orangenessenz
1 TL Backpulver oder Natron
Butter zum Einfetten

Den Backofen auf 190° C (Gas Stufe 5) vorheizen.

Den Zucker mit 3 ganzen Eiern und den 3 Eidottern kräftig verrühren, bis man einen gleichmäßigen Schaum erhält. Mehl, Mandeln, Salz, Orangenessenz und Backpulzer oder Natron hinzufügen und alle Zutaten zu einem weichen Teig vermengen. Zu langen Rollen formen und auf ein gebuttertes Backblech setzen, dabei etwas flachdrücken, bis sie etwa 2 cm hoch und 4 cm breit sind. Die Teigrollen sollten weit genug auseinander liegen, damit sie beim Backen aufgehen können. Ein Ei leicht verschlagen, die Rollen damit bestreichen und 15 Minuten backen.

Nach dem Backen die Rollen schräg in etwa 2 cm breite Scheibchen schneiden und diese noch einmal 10 Minuten in den Backofen schieben, bis sie vollständig gar und getrocknet sind.

Lassen Sie die Kekse anschließend völlig auskühlen, und bewahren Sie sie in einem luftdicht verschließbaren Gefäß aus Glas oder Blech auf.

Vin Santo

Dieser aromatische Tropfen aus der Toskana ist ein köstlicher Dessertwein, in den nach dem Essen traditionell Cantucci getaucht werden. Einige führen den Zusatz des Adjektivs santo *im Namen dieses Weines darauf zurück, daß er zuweilen als Meßwein verwendet wird, andere leiten ihn von der Insel Santorin ab. Er wird aus Malvasia- und Trebbiano-Trauben gekeltert, die nach der Lese auf Strohmatten teilweise getrocknet werden, um dadurch den Zuckergehalt zu erhöhen. Je nach Gärung entsteht im Laufe des mindestens dreijährigen Reifeprozesses ein Wein, der süß, halbsüß oder trocken sein kann. Mit Vin Santo werden auch Gebäck und Cremes verfeinert.*

Amaretti

Es gibt zahlreiche Varianten dieser Makronen. Die bekanntesten sind die Amaretti di Saronno, zwei kleine, in Papier eingewickelte Amaretti, die in fast jedem italienischen Restaurant oder jeder Trattoria zum Kaffee serviert werden. Benannt sind sie nach der Stadt Saronno, wo sie die letzten hundert Jahre von Lazzaroni hergestellt wurden.

Amaretti gibt es überall in Italien. Die begehrtesten kommen aus Mombaruzzo, einer kleinen Stadt im Piemont. Sie sind weich und werden einzeln von Hand in das typische Ölpapier eingewickelt.

Amaretti

MANDELMAKRONEN

FÜR ETWA 40 STÜCK
275 g süße Mandeln
30 g Bittermandeln, blanchiert, abgezogen und geröstet, bis sie trocken, aber nicht gebräunt sind
450 g Puderzucker
4 Eiweiß
55 g feiner Zucker

Den Backofen auf 220° C (Gas Stufe 4) vorheizen. Süße und bittere Mandeln mit Mörser und Stößel oder im Mixer zu einem groben Mehl zerkleinern. Nach und nach Puderzucker und Eiweiß unterziehen, bis eine feste Masse entsteht. Mit den Händen zu einer Rolle von etwa 3 cm Durchmesser formen und in 1 cm dicke Scheiben schneiden. Mit reichlich Abstand auf gefettetes Backpapier legen.

Mit dem Zucker bestreuen und rund 15 Minuten backen, bis die Kekse hellbraun und knusprig geworden sind. Auf dem Backpapier abkühlen lassen. Wenn die Amaretti sehr trocken sind, können sie einige Zeit in einem luftdichten Behälter aufbewahrt werden.

Die Konsistenz dieser berühmten Mandelkekse kann zwischen hart und knusprig bis feucht und weich variieren.

Ricciarelli

TOSKANISCHE MANDELPLÄTZCHEN

FÜR ETWA 40 STÜCK
300 g frisch gemahlene süße Mandeln
350 g Zucker
geriebene Schale von 1 Zitrone
1 TL Vanillezucker oder einige Tropfen Vanilleessenz
geschlagenes Eiweiß von 2 Eiern
1 EL Honig

Den Backofen auf 200° C (Gas Stufe 5) vorheizen.

Mandeln und Zucker gründlich miteinander vermischen, bevor man die geriebene Zitronenschale, Vanille, Eiweiß und Honig dazugibt. Alle Zutaten gründlich miteinander zu einem gleichmäßigen Teig verarbeiten und auf einer mit Puderzucker bestäubten Unterlage 2 cm dick ausrollen.

Ein Backblech mit Backpapier auslegen und eine 3 mm dicke Puderzuckerschicht daraufstreuen. Mit einer Plätzchenform oder einem Messer 4 bis 5 cm lange Rauten ausstechen und auf das vorbereitete Blech legen. Die Plätzchen im vorgeheizten Backofen 20 Minuten backen, ohne daß sie braun werden.

Diese Plätzchen, eine Spezialität aus Siena, werden aus Mandeln hergestellt und mit viel Puderzucker bestäubt. Man kann sie auch fertig kaufen, doch selbst gemacht schmecken sie wesentlich besser.

Savoiardi

LÖFFELBISKUITS

FÜR ETWA 400 GRAMM
6 Eier, getrennt
125 g Zucker
150 g Mehl (Type 00), fein gesiebt
30 g Puderzucker
1½ Päckchen Vanillezucker
25 g Kristallzucker

Den Backofen auf 180° C (Gas Stufe 2) vorheizen.

Das Eigelb mit dem Zucker zu einer dicken, schaumigen Creme verrühren und nach und nach das Mehl unterheben. Das Eiweiß in einer Schüssel steif schlagen. Puderzucker hineinsieben und vorsichtig, aber gründlich unterheben. Die Masse vorsichtig unter die Eigelbmischung heben, damit sie nicht zusammenfällt.

Die Masse in einen Spritzbeutel füllen und kleine Stränge von etwa 12,5 cm Länge und 3 cm Breite in großen Abständen auf ein gefettetes Backblech spritzen. Mit Kristallzucker bestreuen und rund 18 Minuten backen, bis sie goldgelb sind. Auf einem Kuchengitter auskühlen lassen, dann in einem luftdichten Behälter aufbewahren.

Vanillezucker

Sie können Vanillezucker sehr einfach selbst herstellen, indem Sie ein oder zwei Vanilleschoten mit Zucker in einem luftdicht verschlossenen Gefäß aufbewahren, bis der Zucker das Aroma der Schoten aufgesogen hat. Danach können Sie sie für andere Zubereitungen verwenden, sie anschließend trocknen und dann wieder zu dem Zucker geben, wo sie ihren Wirkung weiter entfalten.

Sie können zum Backen dieser sehr leichten, weichen Biskuits ein spezielles Blech kaufen, wodurch sie höher werden und eine regelmäßigere Form bekommen, aber ebensogut können Sie sie einfach auf ein normales Backblech spritzen. Sie sind ideal für *Tiramisù, Zuppa inglese* und andere Desserts.

Panforte

TOSKANISCHES FRÜCHTEBROT

FÜR 10 PERSONEN

250 g Mandeln, blanchiert, abgezogen und geröstet
150 g Wal- oder Pekannüsse
55 g Zitronat, in dünne Streifen geschnitten
250 g kandierter Kürbis, in kleine Stücke geschnitten
2 TL Zimt
2 TL gemahlener Koriander
1/2 TL frisch geriebene Muskatnuß
200 g Mehl
200 g Puderzucker
200g Honig (vorzugsweise Akazienhonig)
Backpapier
2 EL Vanillezucker

Den Backofen auf 160° C (Gas Stufe 1) vorheizen.

Mandeln, Wal- oder Pekannüsse, Zitronat, Kürbis und Gewürze in einer Schüssel vermengen und gründlich mit dem Mehl vermischen. Puderzucker, Honig und 1 Eßlöffel Wasser in einen Topf mit schwerem Boden geben und bei niedriger Hitze auflösen. Die Hitze erhöhen, so daß die Mischung zu köcheln beginnt, und mit einem Holzlöffel rühren, bis sie hellbraun karamelisiert. In die Mehl-Nuß-Mischung gießen und alles zu einer glatten Masse verrühren.

Eine Kuchenform von 20 cm Durchmesser 4 cm hoch mit Backpapier auslegen. Die Mischung darauf verteilen und mit einem Spatel glattstreichen. Rund 30 Minuten backen, aus dem Backofen nehmen und in der Form abkühlen lassen. Mit Vanillezucker bestäuben. Das Panforte hält sich lange, obwohl es fraglich ist, ob Sie dem Anblick so lange widerstehen können.

Torta di Nocciole e Cioccolato

HASELNUSS-SCHOKOLADEN-KUCHEN

Für 6–8 Personen
300 g Haselnüsse, geröstet und abgezogen
6 Eier
500 g feiner Zucker
2 TL Backpulver
300 g Butter, zerlassen
150 ml Milch
375 g Mehl (Type 00)
100 g Bitterschokolade (mindestens 70% Kakaoanteil), klein gewürfelt

Italien ist bekannt für seine gute Schokolade, ihre Hersteller sind über das ganze Land verstreut. Die meisten verwenden Kakaobohnen von bester Qualität aus Ecuador, der Elfenbeinküste und Ghana. Eine Turiner Firma, Peyrano, importiert die Kakaobohnen immer noch selbst und geht den aufwendigen Weg, um Schokoladenriegel (cioccolato) *oder kleine Schokoladenstückchen (cioccolatini) herzustellen – alle mit verschiedenen Aromen, wie Orange, Pfefferminze, Vanille und viele andere.*

Den Backofen auf 180° C (Gas Stufe 2) vorheizen.

Die Haselnüsse im Mixer grob mahlen. Eier mit Zucker und Backpulver mit dem Handmixer zu einer dicken, schaumigen Masse schlagen. Zerlassene Butter und Milch vorsichtig, aber gründlich unterheben, dann Mehl und Haselnüsse und zum Schluß die Schokolade unterziehen.

Die Mischung in eine gefettete und mit Mehl bestäubte Form von etwa 25 cm Durchmesser geben und 45 Minuten backen. Dann mit einem kleinen Spieß kontrollieren, ob sie gar ist. Vor dem Servieren abkühlen lassen.

Haselnußkuchen kann ich nie widerstehen – der Geschmack von Nüssen, insbesondere gerösteten, ist einfach zu köstlich. Ich hoffe, angesichts dieses Rezepts stimmen Sie mir zu!

Castagnaccio

KASTANIENKUCHEN

Für 8–10 Personen
750 g frisches Kastanienmehl
1 Prise Salz
6 EL feiner Zucker
6 EL Olivenöl extra vergine
3–4 Zweige Rosmarin
150 g Zibibbo-Rosinen oder gewöhnliche Rosinen

Den Backofen auf 180° C (Gas Stufe 2) vorheizen.
Mehl, Salz und Zucker mit so viel Wasser verrühren, daß eine geschmeidige, nicht zu flüssige Mischung entsteht. Das Öl in eine tiefe Backform von etwa 30 x 40 cm geben und gleichmäßig verteilen. Den Teig daraufgießen. Mit Rosmarinzweigen belegen, mit Rosinen bestreuen und etwa 20 Minuten goldgelb backen. In Quadrate schneiden.

Der Kuchen schmeckt am besten warm, kann aber auch kalt gegessen werden.

Kastanienmehl

Getrocknete Kastanien lassen sich zu Mehl mahlen, aus dem man wie hier Castagnaccio *bäckt, das man aber auch zum Binden von Saucen verwenden kann oder, mit Weizenmehl vermischt, zu besonderen Pastasorten verarbeitet. Kastanienmehl wird auch mit Wasser, Zucker und Vanille zu* Crema di castagne *vermischt, einer süßen Füllung für Ravioli.*

Für diesen Kuchen – der im Herbst aus dem Mehl frischer Kastanien zubereitet wird – gibt es verschiedene Rezepte. Dies ist eine der einfachsten und leckersten Methoden, ihn zuzubereiten.

Croccante di Nocciole

HASELNUSSKROKANT

Für 1 kg
400 g feiner Zucker
100 g Honig
Schale von 2 unbehandelten Mandarinen, klein gewürfelt
500 g ganze Haselnüsse, geröstet und abgezogen
Backpapier
1 Zitrone, halbiert

Zucker und Honig in einem Topf mit schwerem Boden über kleiner Hitze zerlassen. Die Hitze etwas höher stellen, und wenn der Zucker hellbraun zu werden beginnt, die Mandarinenschale hinzufügen. 1 Minute mit einem Holzlöffel rühren, danach die Haselnüsse dazugeben. Erwärmen, bis die Nüsse mit dem Zuckersirup überzogen sind.

Die sehr heiße Mischung langsam auf das Backpapier gießen und mit den Zitronenhälften etwa 2,5 cm hoch verstreichen. (Zitronen eignen sich gut dazu, weil die Masse nicht an ihnen kleben bleibt.) Sobald der Krokant etwas abgekühlt, aber noch warm ist, mit einem großen Messer in Würfel schneiden. Unten werden die Stücke noch aneinanderhängen. Vollständig abkühlen lassen, dann die Würfel auseinanderbrechen. In einem luftdichten Behälter aufbewahren.

Diese Leckerei gibt es bei jeder dörflichen *festa*, insbesondere im Süden Italiens, vor allem in der Weihnachtszeit. Man kann sie aus Mandeln, Pistazien oder gemischten Nüssen herstellen.

Haselnüsse

Im Piemont werden die schönsten Haselnüsse geröstet und zu einer sehr feinen Paste gemahlen, die die Grundlage für Nougat und Gianduiotti, *feine Schokoladenpralinen, bildet. In Kampanien verarbeitet man sie zu* Croccante di nocciole. *Im ganzen Land werden sie für Kuchen und Kleingebäck verwendet.*

Crostata di Cugna

MARMELADENKUCHEN

FÜR 6–8 PERSONEN
500 g Mehl 00 (Doppio Zero)
200 g weiche Butter, klein gewürfelt
5 Eidotter
200 g feiner Zucker
1 EL Vanillezucker
geriebene Schale von 1/2 unbehandelten Zitrone
350 g Mehrfruchtkonfitüre
eine Prise Salz

Das Mehl auf die Arbeitsfläche sieben, eine Vertiefung in die Mitte machen und die Butter, 4 Eidotter, Zucker, Vanillezucker, Zitronenschale und Salz hineingeben. Allmählich das Mehl einarbeiten, dann mit der Handfläche leicht kneten, um einen glatten Teig zu erhalten. In Sichtfolie wickeln und 1 Stunde im Kühlschrank ruhen lassen.

Den Backofen auf 180° C (Gas Stufe 2) vorheizen. Drei Viertel des Teigs auf einem leicht bemehlten Brett ausrollen, um eine runde oder rechteckige Backform von etwa 25 cm Durchmesser bzw. Seitenlänge damit auszulegen. Das Blech vorher mit Butter einfetten und nach dem Belegen überstehenden Teig abschneiden. Konfitüre auf den Teig streichen. Den restlichen Teig dünn ausrollen, mit einem Teigrädchen oder scharfen Messer in lange Streifen schneiden und gitterförmig über den Kuchen legen. Mit dem verbliebenen Eigelb bestreichen und etwa 30 Minuten backen. Vor dem Servieren abkühlen lassen.

Pastiera di Grano

GETREIDETARTE

FÜR 10 PERSONEN
FÜR DEN TEIG:
150 g Streuzucker
150 g Butter oder Margarine
3 große Eidotter
300 g Mehl
etwas Fett für die Form
FÜR DIE FÜLLUNG:
200 g Vollweizen oder 440 g vorgeweichter Weizen (gran pastiera)
1/2 l Milch (bei Verwendung von frischem Weizen)
Schale von 1 Zitrone
1 EL Zimtpulver
2 EL Vanillezucker
Schale von 1/2 Orange
300 g Ricotta
4 große Eier, getrennt in Eiweiß und Eigelb
1 kleines Weinglas Orangenblütenwasser
150 g Zitronat, fein geschnitten
225 g Streuzucker
Puderzucker zum Bestäuben

Bei Verwendung von frischem Weizen diesen zunächst 24 Stunden einweichen, dabei das Wassser mehrmals wechseln. Am nächsten Tag in Milch zusammen mit der Schale einer halben Zitrone 3 bis 4 Stunden bei niedriger Temperatur köcheln lassen.

Wenn er gar ist (oder bei Verwendung von vorgeweichtem Weizen), eine Prise Zimt, den Vanillezucker, den Rest der Zitronen- und die Orangenschale darunterrühren und über Nacht durchziehen lassen.

In einer großen Schüssel für den Teig Zucker, Butter und Eidotter gleichmäßig miteinander verrühren. Das Mehl hinzufügen und nach und nach zu einem geschmeidigen Teig verarbeiten. Für mindestens 1 Stunde an einen kühlen Ort stellen.

Den Backofen auf 190° C (Gas Stufe 5) vorheizen, eine Springform von 35 cm Durchmesser einfetten.

Um die Füllung fertigzustellen, den Ricotta mit Eigelb und Orangenwasser verrühren und das Zitronat mit der Weizenmischung dazugeben. Das Eiweiß mit dem Zucker steif schlagen und vorsichtig unter die Ricotta-Weizen-Masse heben. Mit zwei Dritteln des Teigs gleichmäßig Boden und Seiten der Springform auslegen und die Füllung darauf verteilen.

Den restlichen Teig ausrollen, in lange Streifen schneiden und den Kuchen gitterförmig damit bedecken. Etwa 45 Minuten backen, bis er goldgelb geworden ist. Abkühlen lassen und mit Puderzucker bestäuben.

Dieses Osterrezept erscheint in fast jedem meiner Bücher, denn es stammt von meiner Mutter und gehört zu unseren traditionellen Familiengerichten.

Cenci

»TEIGFETZEN«

FÜR 8–10 PERSONEN
350 g Mehl (Type 00)
45 g weiche Butter
45 g feiner Zucker
1 Päckchen Vanillezucker
2 Eier
1 Prise Salz
3 EL Moscato Passito oder Vin Santo
200 g Puderzucker
Olivenöl zum Fritieren

Das Mehl in eine Schüssel sieben, Butter, Zucker, Vanillezucker, Eier, Salz und Wein dazugeben und alles zu einem sehr glatten Teig verarbeiten. Zudecken und 1 Stunde ruhen lassen.

Den Teig mit dem Nudelholz etwa 3 mm dick ausrollen. Mit einem gezackten Teigrädchen Streifen von 15 bis 18 cm Länge und 3 bis 4 cm Breite schneiden und diese mit viel Geduld zu einem lockeren Knoten schlingen. Einfacher geht's, wenn Sie die Streifen in unregelmäßige Stücke schneiden.

Portionsweise, so daß sie frei schwimmen können, in Olivenöl goldgelb und knusprig fritieren, dann auf Küchenkrepp abtropfen lassen. Gekühlt auf ein Tablett stapeln und dick mit Puderzucker bestäuben

Diese delikaten Plätzchen ißt man traditionell in der Karnevalszeit.

Cenci

Cenci, *zu deutsch »Fetzen«, wurden ursprünglich nur an Karneval zubereitet, der 40 Tage vor Ostern beginnt, sie sind aber jetzt das ganze Jahr über erhältlich. Die Bezeichnung stammt aus der Toskana, doch man findet diese Kekse, mit kleineren Variationen, in allen Regionen. Der Teig wird ausgerollt und in Streifen geschnitten, die in Olivenöl – im Süden häufig auch in Schmalz – fritiert und anschließend mit Puderzucker bestäubt werden. Sie schmecken einfach köstlich!*

Bignole

WINDBEUTEL

Bignè, Bignole

Mit bignè *wird jegliches Gebäck aus Brandteig bezeichnet, wie Windbeutel,* Profiteroles *(kleine Windbeutel) oder Liebesknochen (Éclairs). Mit der Erfindung der* Bignole, *das sind kleine mit Zabaglione gefüllte und teilweise glasierte Brandteigkugeln, ist das Piemont noch näher an Frankreich gerückt.*

Für etwa 24 Stück

eine Prise Salz
200 g Butter
300 g Mehl
6 ganze Eier
4 Eidotter
30 g Zucker
geschlagene Sahne oder Zabaglione zum Servieren (siehe Rezept rechte Seite)
Zuckerguß mit Zitronensaft (nach Belieben)

½ l Wasser mit dem Salz und der Butter bei starker Flamme in einem Topf erhitzen. Sobald das Gemisch zu kochen beginnt, den Topf vom Feuer nehmen und das Mehl dazugeben. Alles gut durchmischen und abkühlen lassen.

Den Backofen auf 200° C (Gas Stufe 6) vorheizen. Der abgekühlten Masse Eier, Eidotter und Zucker hinzufügen. Alles sorgfältig mischen und den Teig in einen Spritzbeutel mit glatter Tülle füllen. Kleine Teigtupfer auf ein gebuttertes Backblech spritzen und etwa 20 Minuten backen.

Das fertige Gebäck herausnehmen und abkühlen lassen. Die Bignole sollten das Drei- bis Vierfache ihrer ursprünglichen Größe erreicht haben und hohl sein, damit sie mit Sahne oder Zabaglione gefüllt werden können. Die Bignole zum Teil in Zuckerguß mit Zitronengeschmack tauchen, trocknen lassen und servieren.

Als Überraschung können Sie den Geschmack auch variieren, indem Sie in die Füllung eines Teils Kakaopulver, in den anderen Teil Orangenessenz und in den Rest Zitronenschale mischen.

Zabaglione

Für 6 bis 8 Personen

16–18 Dotter von Eiern aus Freilandhaltung, 300 g feinen Zucker und 200 ml Moscato Passito di Pantelleria oder Marsala in einer großen Schüssel mit dem Handmixer oder Schneebesen schaumig schlagen, bis die Masse ihr Volumen verdoppelt hat.

Die Schüssel auf einen Topf mit siedendem Wasser setzen, wobei das Wasser den Boden der Schüssel nicht berühren darf. Weiter schlagen, bis die Mischung sehr dick ist und eine glatte und cremige, aber nicht bröselige Konsistenz hat. Sie dürfen sie nicht zu heiß werden lassen, sonst erhalten Sie Rührei. Sofort servieren.

Folgende Doppelseite: Pan di San Giuseppe

Glossar

Amaretti/Mandelmakronen
siehe S. 34

Anicini/Anisplätzchen
Diese Plätzchen aus Umbrien bezeugen die Beliebtheit von Anissamen in Italien. Sie sind eine Spezialität aus Orvieto, werden jedoch auch in Sardinien hergestellt. Man ißt sie entweder trocken oder tunkt sie wie *Cantucci* (siehe S. 32) in Wein. In Sardinien verwendet man dazu den starken Wein der Region, den Monica di Sardegna. Statt des üblichen festen Fetts kann man zur Herstellung dieser Plätzchen auch Olivenöl verwenden, was sie schmackhafter und bekömmlicher macht.

Baci di Dama/Damenküsse
Dieses Gebäck aus dem Piemont verdankt seinen Namen der Tatsache, daß die beiden mit Schokolade zusammengeklebten Mürbteigplättchen an ein Lippenpaar erinnern. Vermischen Sie 150 g fein gemahlene Mandeln mit 150 g Mehl (Type 00), 150 g feinem Zucker, 150 g weicher Butter, etwas geriebener Zitronen-, Orangen- oder Limonenschale und 3 Eidottern. Die Zutaten verarbeiten, bis alles gut miteinander verbunden ist. Kleine Kugeln formen, auf ein gebuttertes Backblech setzen und im vorgeheizten Backofen bei 190° C (Gas Stufe 5) backen, bis sie goldbraun sind. Nach dem Auskühlen jeweils zwei Plätzchen mit etwas geschmolzener Schokolade zusammenkleben.

Barchette/Schiffchen
Barchette, ein Gebäck in Form kleiner Schiffe, bestehen aus Mürbteig und können mit Obst, Konfitüre oder *crema pasticcera* (Tortencreme) gefüllt und als Dessert gegessen werden. Man kann sie aber auch als mit Shrimps, Rührei und Kaviar gefüllte Kanapees servieren.

Bastone/Stangenbot
Diese lange Weißbrotstange gleicht der französischen Baguette (siehe *Pane*, S. 60).

Bignè, Bignole/Windbeutel
siehe S. 52

Biova, Biovetta/Piemonteser Brot
Dieses Brot aus dem Piemont wird heute in den meisten nördlichen Regionen Italiens gegessen. Es wird aus *pasta dura* hergestellt, einem festen, nicht aufgegangenen Teig, der gut durchgearbeitet wird, um Luftblasen zu entfernen und um ihn weicher zu machen. Die Kruste ist knusprig, das Innere sehr dicht und weiß. Das Brot hat oft die unglaublichsten Formen, man kann es aber auch in Laiben erhalten, von denen die kleineren *Biovette*, die größeren *Biove* genannt werden.

Biscotti/Kekse
Eigentlich bedeutet *biscotto* soviel wie »zweimal gekocht« bzw. »gebacken«. Diese Methode diente früher der Konservierung von Brot, indem die Scheiben durch nochmaliges Backen getrocknet wurden. Beim späteren Verzehr wurde dem Brot wieder Flüssigkeit in Form von Wasser oder Milch hinzugefügt (siehe *Frisella*, S. 58). Heute versteht man unter Biscotti einfach Kekse, die aus Eiern und Mehl hergestellt werden, unter Zugabe von Zucker, Honig, Hefe, Mandeln oder Schokolade etc. Es gibt aber auch pikante Varianten, etwa *Taralli* (siehe S. 27) oder Cracker, die man anstelle von Brot ißt. *Biscotti* werden sowohl für den sofortigen Verzehr als auch zur längerfristigen Aufbewahrung hergestellt. Bestes Beispiel dafür sind frische und getrocknete *Amaretti* (siehe S. 34). Italiener essen große Mengen unterschiedlichster Biscotti, meist süße, die in den *Caffè latte* (Milchkaffee), das übliche Frühstücksgetränk, getunkt werden.

Buccellato Lucchese/Luccheser Kuchen
Dieser einfache Kuchen, der eher einem Brot gleicht, ist eine Spezialität der toskanischen Stadt Lucca. Eine wesentlich kompliziertere Variante stellt man in Sizilien auf Basis von Eiern mit Zitronat und Orangeat her. Beide Arten werden als Dessert gegessen oder zum Früh-stück in Milch eingetunkt. In einer luftdichten Blechdose aufbewahrt, sind sie sehr lange haltbar.

Calzone/Pizzatasche
Calzone, »Hose«, bezeichnet eine gefüllte Teigtasche aus Pizzateig. Die Neapolitaner füllen sie mit Provolone, Mozzarella und pikanter neapolitanischer Wurst oder Salami. Die Zutaten werden gewürfelt und mit geschlagenen Eiern vermischt. Weitere Füllungen sind: geschmorte Zwiebelscheiben mit Ricotta Forte, Eiern und Parmesan (ein Rezept aus Apulien), oder gekochter Mangold (bzw. Spinat) mit Eiern, Parmesan und Pecorino.

Cannoli/Gefüllte süsse Teigröhren
Cannoli sind das wohl bekannteste sizilianische Dessert. Ihr Name rührt daher, daß der Teig um einen Stab (*canna*) gewickelt wird, bevor man ihn fritiert. Früher gab es *Cannoli* zu Karneval und am Namenstag von San Carlo. Heute ißt man sie das ganze Jahr über, nicht nur als Dessert, sondern auch als Imbiß. Sie werden mit einer Masse aus Ricotta, Zucker, kandierten Früchten und Schokolade gefüllt.

Cannoncini/Kanönchen
Diese Hörnchen oder Tüten werden aus rechteckigen Blätterteigstücken von etwa 30 cm Länge und 3 bis 4 cm Breite hergestellt. Der Teig wird sehr dünn ausgerollt, fest um einen Metallkegel gelegt, mit geschlagenem Ei bepinselt und 20 Minuten im heißen Rohr gebacken. Nach dem Abkühlen wird die Metallform wieder entfernt und das Hörnchen mit süßer Creme oder Zabaglione gefüllt.

Cantucci, Cantuccini/
Toskanische Mandelkekse
siehe S. 32

Carta da Musica,
Pane Carasau/Sardisches Fladenbrot
Dieses sehr dünne, flache und knusprige Brot, das an altes Pergament oder Notenpapier erinnert (daher der Name *carta da musica*) ist schwer herzustellen und wird heute eher gekauft als selbst gemacht. Es wird in Stapeln von 10 oder 20 Scheiben verkauft und wegen seiner Zerbrechlichkeit sorgfältig verpackt.

Casatiello, Casatello/
Neapolitanisches Osterbrot
siehe S. 16

Cassata
Die Bezeichnung leitet sich von *qas'at* ab, dem arabischen Wort für die kleinen, kegelförmigen Behälter, in denen diese Nachspeise traditionell zubereitet wird. Ursprünglich wurde sie von Nonnen in der Osterwoche hergestellt, inzwischen ist sie jedoch das ganze Jahr über erhältlich. Es gibt zwei Varianten, die beide aus Sizilien stammen. Die erste ist ein Kuchen aus Marzipan, Ricotta und kandierten Früchten, die zweite, spätere Version besteht aus Eiscreme. Eine kleinere Version der Cassata, genannt *Cassatina,* wird oft in sizilianischen Bars, Cafés und Konditoreien verkauft.

Castagnaccio/
Kastanienkuchen siehe S. 43

Cenci, Chiacchere, Bugie/
Teig-»Fetzen«
siehe S. 51

Ciabatta/Weizenbrot
Eine der beliebtesten Brotsorten in Italien ist Ciabatta, hergestellt aus Weizenmehl Type 0. Seine charakteristische Weichheit und Feuchtigkeit sind auf die lange Gehzeit von etwa 6 Stunden zurückzuführen, in der sich die großen Luftlöcher bilden. Seine weiche Kruste entsteht dadurch, daß man während des Backens Wasser im Backofen verdunsten läßt. Siehe auch *Pane*, S. 60.

Ciambella, Ciambellone,
Ciambellina/Kranzkuchen
Es gibt ein Sprichwort in Italien: *»Non tutte le ciambelle riescono con il buco«*, zu deutsch: »Nicht jede Ciambella hat ein Loch«, womit gemeint ist: Nicht alles kann perfekt sein. Für Ciambella wird der Teig in einer Kranzform gebacken oder einfach zu einem Ring geformt. Sie kann pikant oder süß sein, je nach Zutaten, die man dem Grundteig hinzufügt. *Ciambellone* ist eine größere, *Ciambellina* eine kleinere Variante.

Colomba/Ostertaube
Dieser Kuchen in Form einer Taube ist eine Ostergabe, die Frieden symbolisiert. Wie *Panettone* (siehe S. 61) wird er heute in ganz Italien gegessen und im Ausland in Spezialitätengeschäften verkauft. Im Unterschied zu *Panettone* enthält die *Colomba* keine Rosinen, dafür jedoch Orangeat und einen

höheren Anteil an Eiern und Butter. Sie ist mit einer Zucker-Mandel-Glasur bestrichen und wird als Nachspeise serviert, zu einem Moscato oder einem anderen perlenden Dessertwein.

CORNETTO, CHIFEL/ BROTHÖRNCHEN

Cornetto ist ein Brot in Form eines französischen Croissants, hergestellt aus einem Teig mit Mehl Type 00. Der Teig wird gefaltet, so daß wie bei Blätterteig Schichten entstehen. Manchmal wird es auch aus *pane all'olio* hergestellt, einem Teig, der Öl oder Butter enthält und der das Brot krümeliger macht. Ein ähnliches Brot, genannt *Chifel,* bäckt man im Trentino.

CROCCANTE/KROKANT

siehe S. 45

CROSTATA/KRUSTENKUCHEN

siehe S. 47

CROSTINI DI PANE/ TOSKANISCHES RÖSTBROT

Crostini sind seit kurzem überall auf der Welt in Mode gekommen. Sie stammen ursprünglich aus der Toskana, wo man ungesalzenes Brot verwendet. Die getoasteten Scheiben bestreicht man mit Hühnerleberpastete oder Wildschweinragout oder belegt sie mit Gemüse. Die Toskaner essen diese Kanapees zum Aperitif, heute bekommt man jedoch häufig auch eine Auswahl mit verschiedensten Belägen als ersten Gang gereicht. Die feinsten Crostini sind mit Pastete bestrichen und einem Stück Trüffel garniert.

FARINATA/UNGESÄUERTES BROT

Die Verwendung von Mehl und Wasser ohne Treibmittel ist eine der ältesten Methoden der Brotherstellung. Man kann dazu das Mehl verschiedener Getreidesorten benutzen, etwa von Weizen, Roggen oder Gerste. Das bekannteste Brot dieser Art jedoch, das im Piemont und besonders in Ligurien noch heute hergestellt wird, enthält Kichererbsenmehl.

FAVE DEI MORTI/ MANDELPLÄTZCHEN

Am 2. November wird in Italien Allerseelen, der Tag der Verstorbenen, begangen. *Fave dei morti* (Saubohnen der Toten) ist die Bezeichnung der Plätzchen, die man im Piemont, in der Lombardei und in vielen anderen Regionen an diesem Tag ißt.

FOCACCIA/FLADENBROT

Focaccia kennt man in Venetien als *pinza*, in Kalabrien als *pitta*, in Neapel als *pizza*, in Genua als *pissalandrea*, in der Emilia-Romagna als *schiacciata*, in der Lombardei als *fitascetta*, in Ligurien als *sardenaria* und in der Toskana als *stiacciata*. Doch wie sie auch genannt wird, immer ist sie ein flaches Brot, das aus demselben Grundteig (siehe S. 15), Olivenöl und Salz hergestellt wird. In einfacherer Form kannten es schon die alten Römer. Über die Jahrhunderte entwickelte sich dann eine Vielzahl von Varianten, salzige und süße, je nach Geschmack und Zutaten der jeweiligen Region. In den Teig, der in eine Blechform gepreßt wird, drückt man mit dem Finger kleine Vertiefungen. Darin kann sich das Olivenöl, das großzügig darüber gegossen wird, sammeln, was dem Brot seinen wunderbaren Geschmack verleiht. Dann streut man sparsam etwas grobes Salz darüber und bäckt das Brot, bis es goldbraun ist.

Die schmackhafteste Version ist wohl die *Focaccia al formaggio*, eine Spezialität aus Camogli, einem zauberhaften Fischerdorf in der Nähe von Genua. Zwei sehr dünne Teigplatten aus Mehl, Wasser, Öl und Hefe werden hier dünn wie Strudelteig ausgezogen, dazwischen mit reichlich Stracchino-Käse gefüllt, mit Öl beträufelt und dann gebacken, bis der Käse geschmolzen ist.

FRISELLA, FRESELLA, FRISEDDA, PAN BISCOTTO/ZWIEBACK

Frisella entstand, weil man ein völlig trockenes Brot ohne Feuchtigkeit benötigte, das nicht für Schimmel anfällig war. Es wurde wegen seiner guten Haltbarkeit besonders bei Armee und Marine verwendet. Das Brot, das meist aus Hartweizenmehl besteht, wird nicht ganz fertig gebacken und noch warm in dicke Scheiben geschnitten. In Kampanien und Apulien, wo es einer kleinen *Ciambella* (siehe S. 57) gleicht, wird es einfach in zwei Teile geteilt. Anschließend kommt es noch einmal in den Backofen zurück, bis alle Flüssigkeit verdunstet ist und die Stücke so knusprig wie Kekse geworden sind. Vor dem Verzehr werden sie einige Sekunden unter fließendes Wasser gehalten, so daß man nicht allzu hart zu beißen hat. Das Brot hat einen ganz eigenen Geschmack und wird meist mit reifen Tomaten, Olivenöl, Salz und Basilikum gegessen, einst ein beliebter Imbiß der Bauern, der heute von jedermann geschätzt wird.

FROLLINI/MÜRBTEIGPLÄTZCHEN
Diese Plätzchen aus Mürbteig (siehe *Pasta frolla*, S. 61), die die verschiedensten Formen und Größen haben können, werden überall in Italien verkauft. Man tunkt sie gern zum Frühstück in Milch oder Kaffee.

GALLETTE/ZWIEBACK
Dieses zweifach gebackene Brot wurde seiner langen Haltbarkeit wegen insbesondere für Armee und Marine hergestellt. Nur wenn man es vor dem Essen mit Wasser aufweicht, ist es genießbar.

GRISSINI/BROTSTANGEN
Grissini, dünne, knusprige Brotstangen aus Mehl Type 0, Wasser, Hefe und manchmal etwas Olivenöl, kommen ursprünglich aus Turin, werden heute aber auf der ganzen Welt gegessen. Sie können bis zu 70 cm lang sein und werden heute noch selbst hergestellt, indem man ein Stück Teig so lange zieht, bis es rund und dünn geworden ist, und es bäckt, bis es knusprig und trocken ist. Um eine etwas krümeligere Struktur zu erhalten, kann man Öl oder Butter in den Teig mischen. Grissini werden auch industriell hergestellt und halten sich, in Zellophan verpackt, mehrere Monate. Meist serviert man sie zu Antipasti oder anstelle von Brot zu den Mahlzeiten. Mit einer dünnen Scheibe Parmaschinken umwickelt ergeben sie einen delikaten Imbiß.

GUASTEDDE/SIZILIANISCHE BRÖTCHEN
Diese Brötchen werden mit den verschiedensten Füllungen angeboten; am berühmtesten ist jedoch eine Delikatesse, die man auf dem Vucceria-Markt in Palermo bekommt: *Guastedde* mit gebratener Milz. Sie werden aus einem Hefeteig aus Mehl und Grießmehl, Hefe und Wasser zubereitet und mit Sesam bestreut. In zwei Hälften geschnitten, werden sie mit der Milz gefüllt, die gekocht, fein geschnitten und zusammen mit Grieben in Schweineschmalz und Gewürzen gebraten wurde. Mit Pecorino bestreut, entsteht ein wunderbarer, ungewöhnlicher Imbiß.

MARITOZZO/
SÜSSES RÖMISCHES BROT
Dieses süße, briocheartige Brot ißt man im Latium und in Umbrien während der Fastenzeit, wenngleich es heute das ganze Jahr über angeboten wird. Es wird aus Sauerteig hergestellt, der einen sehr langen Gärprozeß benötigt, bevor er mit weiteren Zutaten wie Eiern, Zucker, Olivenöl und Salz vermischt wird. Danach läßt man ihn noch einmal etwa vier Stunden lang gehen und knetet ihn dann erneut, bevor man Mehl, Rosinen, Orangeat, weitere Eier und etwas Milch hinzufügt. Anschließend kann man ihn in kleine Portionen teilen und backen.

MOSTACCIOLI, MUSTAZZOLI/
MOSTKEKSE
Zu den einfachsten italienischen Keksen gehören Mostaccioli (Mustazzoli), die – mit leichten Abwandlungen des Grundrezepts – in vielen Regionen hergestellt und gegessen werden. Diese harten, trockenen Kekse, die schon die alten Römer kannten, bestehen aus Mehl, gekochtem Most (bei der Weinherstellung entstandener, gärfähiger Traubensaft) oder Honig sowie Gewürzen wie Zimt, Nelken und Muskatnuß. Sie enthalten weder Hefe noch Eier.

PAN DE MEI, PAN MEINO/
SÜSSES LOMBARDISCHES BROT
Dieses kleine, süße Brot aus Mais- und Weizenmehl ist typisch für die lombardische Küche.

PAN DI RAMERINO/
ROSMARINBROT
Dieses süße Brot stammt aus der Toskana und wird zu Ostern gegessen. Wie aus seinem Namen hervorgeht, enthält es neben üblichen Zutaten wie Zucker, Rosinen und Butter auch Rosmarinöl.

PAN DI SAN GIUSEPPE/
SCHMUCKBROT
Kunstvoll in verschiedenste Formen und Symbole modelliert, wird dieses Brot als Altardekoration benutzt, bevor man es an San Giuseppe der Heiligen Familie opfert und Freunden als gutes Omen überreicht. Es erinnert an eine Legende über den Heiligen, der in dem kleinen Dorf Salemi, auf einem Hügel

in der Nähe von Trapani in Sizilien, alljährlich durch ein besonderes Mahl geehrt wird: *La cena di San Giuseppe* (Das Mahl des heiligen Josef).

Die Geschichte, die diese Feier anregte, handelt von einem Fischer des Dorfes und seiner Frau. Als dieser wieder einmal hinausfuhr, gelobte die Frau, das ganze Dorf zum Abendessen einzuladen, sollte ihr Mann die Fahrt überleben. Sie waren jedoch so arm, daß sie den Gästen nur Mehl und Wasser bieten konnten, als der Mann zurückkam. Daraus machte die Frau Brote in der Form jener Nahrungsmittel, die sie herzlich gerne gegeben hätte, sowie christlicher Symbole.

PAN DI SPAGNA, PASTA MARGHERITA, PASTA MADDALENA, PASTA VIENNESE/ BISKUITKUCHEN

Für diesen weichen, süßen Biskuitkuchen rührt man zunächst 6 Eidotter und 250 g feinen Zucker schaumig und fügt 6 geschlagene Eiweiß sowie eine Prise Salz hinzu. Anschließend 150 g Mehl Type 00 und 150 g Kartoffelmehl langsam und vorsichtig mit einem Holzlöffel einrühren und einige Tropfen Vanilleessenz oder das Innere einer Vanilleschote sowie die fein geriebene Schale von 1/2 Zitrone dazugeben. Etwa 30 Minuten bei 180° C (Gas Stufe 4) backen. Nach dem Akkühlen in zwei Böden teilen und mit Tortencreme oder Konfitüre füllen.

PANDOLCE/ GENUESER WEIHNACHTSKUCHEN

Wie *Panettone* (siehe S. 61) für die Mailänder ist *Pandolce* für die Bewohner von Genua der Inbegriff des Weihnachtsfestes. Es ist jedoch wesentlich kleiner und schwerer als *Panettone*, denn es enthält sehr viele kandierte Früchte, Rosinen und Nüsse neben besonderen Aromen wie Orangenwasser oder Anissamen. Die Zubereitung ist zeitaufwendig, denn der Teig muß sehr lange gehen.

PANDORO/ VERONESER WEIHNACHTSKUCHEN

Wörtlich übersetzt bedeutet *pan d'oro* »goldenes Brot«. Der Name rührt von der tiefgelben Mitte her, die zumindest teilweise auf die vielen Eier von Freilandhühnern zurückzuführen ist, die neben Mehl Type 00, Zucker, Butter und Hefe in den Teig kommen. Pandoro ist ein außerordentlich leichter, saftiger und lockerer Kuchen, den die Veroneser und Venezianer an Weihnachten zubereiten. Wegen des langen Zubereitungsprozesses – mehrere Tage sind erforderlich, da der Teig dreimal aufgehen muß – wird er heute kaum noch selbst hergestellt, sondern meist fertig gekauft. Traditionell wird er in einer achtzackigen Sternform gebacken. Ich selbst liebe ihn gebuttert und auf dem Grill erhitzt, so daß der darin enthaltene Zucker leicht karamelisiert.

PANE/ BROT

Eines der Grundnahrungselemente aller Italiener ist Brot. Je nach regional vorherrschenden Getreidesorten und Ernährungsgewohnheiten essen sie täglich große Mengen in unterschiedlicher Form.

Am häufigsten verwendet man Weizen zum Brotbacken, der zu einem feinen, weißen Mehl (Type 00 oder *doppio zero*) gemahlen wird, das man auch zur Herstellung von frischen Eiernudeln und anderen Backwaren benutzt. Weniger feines Mehl wird als Type 0 eingestuft, und so geht es weiter bis hin zum Vollkornmehl, genannt *integrale*, das auch die Getreidespelzen enthält. Obwohl bekannt ist, daß Vollkornmehl nahrhafter ist und mehr Ballaststoffe enthält, sind weißes Mehl und Weißbrot in Italien noch immer beliebter als gröberes Mehl und Vollkornbrot.

In Süditalien fügt man dem Weizenmehl Hartweizengrieß hinzu, wodurch das Brot eine festere Konsistenz bekommt als in anderen Landesteilen. Weitere Getreidearten, die ebenfalls zum Brotbacken verwendet werden, verleihen dem fertigen Produkt jeweils spezifische Eigenschaften. Man verwendet zum Beispiel Roggen-, Mais- und Stärkemehl, das unter das Weizenmehl gemischt wird, damit das Brot mehr Geschmack entwickelt und leichter verdaulich wird.

In Norditalien bevorzugt man sehr weißes Brot in kleineren Formen, *Focaccia* in Ligurien (siehe S. 15 und S. 58), in der Emilia-Romagna *pane a pasta dura*, ein Weißbrot von härterer Konsistenz, sowie ein *Piadina* genanntes Fladenbrot (siehe S. 61). Die Toskana kennt das salzlose *Pane sciocco* als Beilage zu schmackhaften Speisen, Salami und pikant Eingemachtem. In Rom liebt man *Sfilatino*, ein kurzes Baguette, auch *Bastone* (Stock) genannt. Im Süden dagegen zieht man ein gehaltvolleres Brot vor, etwa *Pugliese* (siehe S. 61), das aus Hartweizen hergestellt wird und länger frisch bleibt. Die runden Laibe können von solch enormen Dimensionen sein, daß sogar große Familien davon satt werden.

Weitere Brotspezialitäten enthalten die verschiedensten geschmackgebenden Zutaten, wie Schmalz, Butter, Olivenöl, sonnengetrocknete Tomaten, Kräuter, Oliven, Nüsse und eine ganze Reihe von Samen und Gewürzen.

Weil es frisch sein muß, wird Brot meistens täglich gekauft. Das trifft vor allem auf den Norden zu, denn Weißbrot hält sich nicht länger als einen Tag. Es existieren jedoch auch zahlreiche Rezepte, etwa für Suppen, Salate und andere Gerichte, die altbackenes Brot erfordern.

PANETTONE/MAILÄNDER WEIHNACHTSKUCHEN

Die am weitesten verbreitete regionale Variante des italienischen Weihnachtskuchens *panettone* (großes Brot), ist auch die größte und höchste von allen; sie benötigt viel Zeit und ist schwierig zu Hause herzustellen, denn es müssen zwei verschiedene Teige zubereitet werden. Der eine besteht aus Mehl, Hefe, Butter und Zucker und muß 10 Stunden gehen. Der andere, der sich aus Mehl, Butter, Eiern, Zucker, Salz, gewürfeltem Zitronat und Orangeat sowie Rosinen zusammensetzt, wird mit dem ersten Teig vermischt. Das Ganze läßt man weitere 4 bis 5 Stunden gehen. Danach wird der Kuchen in einem Backofen, dessen Temperatur präzise regulierbar sein muß, gebacken. Auf diese Weise ist garantiert, daß der Teig in die Höhe schießt und sanft gegart wird, bis der Kuchen außen dunkelbraun, aber nicht verbrannt ist und innen wunderbar flaumig und saftig bleibt. Wie die anderen Weihnachtskuchen wird Panettone nur von Oktober bis November hergestellt.

Das wichtigste, worauf Sie achten müssen, wenn Sie *Panettone* kaufen, sind die Fette, die bei der Herstellung verwendet wurden. Denn diese bestimmen seinen Geschmack. Auch lohnt es sich, auf das Herstellungsdatum zu schauen, denn frisch schmeckt er am besten. Als Reaktion auf die entsprechende Nachfrage enthält Panettone heute auch Schokolade oder Zabaglione. Die einfache klassische Variante ist und bleibt jedoch die beste.

PANFORTE/FRÜCHTEBROT MIT GEWÜRZEN

Diese typisch toskanische Spezialität stammt aus dem Mittelalter, als die ersten Gewürze importiert wurden. Die Stadt Siena übernahm die Urheberschaft für dieses »mächtige Brot«, das heute auf der ganzen Welt bekannt ist. Siehe Rezept S. 40.

PANPEPATO/SÜSSES PFEFFERBROT siehe S. 20

PARROZZO/MANDELKUCHEN

Parrozzo ist eine Spezialität aus Pescara in den Marken. Der einfache Kuchen wird aus Mehl, Eiern, Zucker, Hefe und gemahlenen Mandeln hergestellt und mit Schokolade glasiert.

PASTA DI MANDORLE, PASTA REALE, MARTURANA, MARZAPANE/MARZIPAN

Marzipan ist eine süße Masse, hergestellt auf der Basis von gemahlenen Mandeln und Puderzucker, die von Konditoren zur Herstellung von Torten und Petits Fours benutzt wird. Es ist besonders beliebt in Süditalien und Sizilien, wo sehr viele Mandelbäume wachsen. Eine andere besondere Mandelmasse, *marturana*, wurde ursprünglich von den Nonnen eines Klosters in der gleichnamigen Stadt auf Sizilien hergestellt. Man benutzt sie, um Figuren, Früchte oder Tiere daraus zu formen, die dann gefärbt werden und als Dekoration für Kuchen und Desserts dienen.

PASTA FROLLA/MÜRBTEIG

Mürbteig ist einfach herzustellen und wird für verschiedene Gebäcksorten verwendet.

PASTA SFOGLIA/BLÄTTERTEIG

Rezept siehe *Prussiani*, S. 30

PIADINA, PIADA/ROMAGNOLISCHES FLADENBROT

Dieses ungesäuerte Brot aus der Emilia-Romagna ähnelt dem arabischen Pitta-Brot, ist aber schmackhafter. Üblicherweise ißt man es zu Parmaschinken, der Spezialität der Region, zu Stracchino-Käse oder auch blanchiertem Spinat, doch kann es auch als Beilage zu anderen Speisen gereicht werden. Es gibt so viele Abwandlungen wie Familien, die dieses Brot zubereiten.

PISSALANDREA/GENUESER PIZZA
Der Name dieser mit Anchovis und Zwiebeln belegten *Focaccia* (siehe S. 15) soll, wie die Genueser sagen, auf *pizza al'Andrea* zurückgehen, benannt nach Andrea Doria, dem berühmten ligurischen Seefahrer. Doch ist sie auch *pissaladière*, einem pikanten Kuchen aus der benachbarten Provence, ähnlich.

PIZZA
Die Geschichte der Pizza zerfällt zwei Perioden: die AP-Ära (Ante Pizza), in der man unter *pizza* lediglich ein Brot verstand, das als Beilage zu anderen Speisen gegessen wurde, und die PP-Ära (Post Pizza), in der man es mit Auflagen versah, was zur heute herrschenden Meinung führte, Pizza sei eine Unterlage für die verschiedensten Beläge.

Die beste Methode, um einen wirklich guten neapolitanischen Pizzateig zu erhalten, besteht darin, selbst einen Grundsauerteig anzusetzen. Dazu etwas Mehl mit Wasser zu einem weichen Teig verrühren und einen Tag an einem warmen Platz stehen lassen, so daß die natürlichen Hefen ihn gären und aufgehen lassen. Alternativ können Sie frische Hefe benutzen. Siehe auch das Rezept *Pizzette Margherita*, S. 23.

PRUSSIANI/
BLÄTTERTEIGPLÄTZCHEN
siehe S. 30

PUGLIESE/APULISCHES BROT
Das Adjektiv *pugliese* bezeichnet eine breite Palette von Produkten aus Apulien, bezieht sich hier und heute jedoch vorwiegend auf Brot. *Pane pugliese* ist ein sehr großes, rundes Brot von etwa 40 cm Durchmesser, 12 bis 14 cm Höhe mit einer dicken, dunklen Kruste. Es wird aus Weizen- und Hartweizenmehl hergestellt, wodurch es sehr dicht, gesund und geschmacksintensiv wird. Es ist einige Tage haltbar.

RICCIARELLI/TOSKANISCHE MANDELPLÄTZCHEN
siehe S. 35

SAVOIARDI/LÖFFELBISKUITS
siehe S. 37

SFOGLIATELLA/KAMPANISCHE BLÄTTERTEIGTASCHE
In Neapel und Kampanien wird dieser wunderbare Imbiß in Bars verkauft. *Sfogliatella* wird üblicherweise warm serviert, schmeckt aber auch kalt. Es gibt zwei Varianten: eine einfache Tasche aus Mürbteig und eine etwas kompliziertere Abwandlung, für die ein Blätterteig mit Schweineschmalz (statt Butter) verwendet wird. Die Füllung besteht gewöhnlich aus gekochtem Grieß und Ricotta, Zucker, Eiern, gehacktem Orangeat und Zitronat und einigen Tropfen Vanille-Essenz.

TARALLI, TARALLUCCI, TARALLINI/PIKANTE KEKSE
siehe S. 27

ZEPPOLA/
FRITIERTES BRANDTEIGGEBÄCK
Diese süditalienische Spezialität für den Namenstag des heiligen Giuseppe wird aus Eiern, Hefe, Mehl Type 00 und Schweineschmalz hergestellt. Der in Öl ausgebackene Teig wird in der Regel zu Ringen gespritzt, die fertigen Stücke mit Puderzucker bestäubt, mit Sahne gefüllt oder in ein Gemisch aus Honig und Wasser getunkt, so daß sie sich schön vollsaugen. Meine Mutter stellte eine pikante Variante her, indem sie eine Anchovis in die Mitte jedes Teigtupfers setzte, was zu einem äußerst schmackhaften Ergebnis führte.

Rezeptverzeichnis

Abkürzungen und Erklärungen

EL = Eßlöffel
TL = Teelöffel
l = Liter
g = Gramm
kg = Kilogramm

Titel der englischen Originalausgabe:
The Carluccio's Collection – Bred, Pizza, Cakes & Bakery
Ins Deutsche übertragen von Lexa Katrin Gräfin von Nostiz, Ursula Wulfekamp (Rezepte) und Dagmar Lutz (Einleitung)
Die Originalausgabe erschien 1999 im Verlag Quadrille Publishing Ltd., London
Dieser Band ist Teil der bereits erschienenen englischen Originalausgabe:
Carluccio's Complete Italian Food

Redaktion der deutschen Ausgabe: Dagmar Lutz, München
Technische Betreuung: Ulrike Walleitner
Foodstyling: Priscilla Carluccio
Farbreproduktionen: Colour Scans, Singapur
Satz: Gramma GmbH, München
Druck und Bindung: Dai Nippon Printing Co.
Printed in Hongkong

ISBN 3-453-16520-9